AF253576

DISCOURS

PRONONCÉ A LA MADELEINE

PAR M. L'ABBÉ DU PLANTIER

PREMIER VICAIRE A LA CATHÉDRALE DE PÉRIGUEUX,

A l'occasion

DU MARIAGE DE M. GEORGES MONTLUC DE LARIVIÈRE

AVEC Mlle HENRIETTE REGNAULT

PARIS

IMPRIMERIE ADMINISTRATIVE DE PAUL DUPONT

45, RUE DE GRENELLE-SAINT-HONORÉ, 45

1868

DISCOURS

PRONONCÉ A LA MADELEINE

Par M. l'abbé DU PLANTIER,

Premier vicaire à la cathédrale de Périgueux,

A l'occasion du mariage de M. Georges MONTLUC DE LARIVIÈRE avec Mlle Henriette REGNAULT.

(10 mars 1868.

MONSIEUR ET CHER PARENT,

MADEMOISELLE,

Le jour qui nous éclaire, l'heure qui vient de sonner, vous rappelleront désormais un des plus grands événements de votre vie.

Il y a quelques mois à peine, de longues distances vous séparaient, vos deux berceaux avaient été posés sur des terres et sous des cieux bien différents, vous ne soupçonniez même pas votre mutuelle existence; quel mystérieux attrait vous a donc réunis? Et que s'est-il passé pour que, destinés, ce semble, à rester à jamais l'un à l'autre étrangers, vous nous donniez aujourd'hui le spectacle touchant de l'union la plus intime qui se puisse contracter ici-bas?

Ah! Par un enchaînement de circonstances que d'autres,

s'ils le veulent, attribueront au hasard , mais que je trouve à la fois et plus doux et plus juste d'appeler providentielles, vos deux vies ont été rapprochées, vous vous êtes connus, appréciés, aimés, et dans vos deux cœurs a retenti à la fois ce mystérieux et doux oracle : que vous étiez nécessaires l'un à l'autre pour faire votre mutuel bonheur.

J'ai dit que l'action de la Providence avait seule préparé l'union que vous allez réaliser. Qui oserait, en effet, soutenir que celui qui a semé l'harmonie sur la terre et dans les cieux, qui n'a pas plus sevré des soins de sa maternelle sollicitude le brin d'herbe qui croît à nos pieds, que les soleils qui brillent sur nos têtes, ait abandonné aux caprices du hasard cette grande œuvre qu'on nomme l'union conjugale, ce rapprochement si intime de deux cœurs, qu'ils ne doivent désormais en faire qu'un, partager les mêmes joies, ne tenir pour véritables que celles qui peuvent être communes, sous les coups de l'épreuve se prêter un mutuel appui, pour premier trésor compter leur réciproque affection, pour dernier revers celui qui réussirait à les en priver. Non ! Le hasard ne saurait présider à de tels rapprochements, et celui qui, avant de faire éclore sous les rayons de son soleil la plus petite fleur de nos champs, a soin toujours de lui préparer une tige élégante pour la supporter, un vert feuillage pour la défendre et l'ombrager, n'a point négligé, dans un ordre bien autrement digne de sa Providence, de créer des cœurs destinés à se comprendre, à se soutenir et à s'aimer. Et alors, quelles que soient les distances qui les séparent, si peu d'affinité naturelle qui les puisse rapprocher, il arrive un jour où des circonstances fortuites en apparence, mais providentielles en réalité, les réunissent. Dieu a tout préparé : mêmes goûts, mêmes tendances, mêmes attraits ; l'épreuve est à peine utile, ces deux cœurs étaient faits l'un pour l'autre.

J'aurai dit votre histoire, je l'espère, jeunes époux, ce mutuel attrait vous l'avez éprouvé, cette sympathie profonde vous l'avez ressentie, vous étiez donc vraiment faits l'un pour l'autre, et dans vos deux cœurs, Dieu en vous créant avait déposé de quoi compléter mutuellement votre bonheur.

Qu'avez-vous donc, jusqu'à ce jour, attendu? Et même, après avoir échangé vos serments en face de l'autorité des hommes, quelle appréhension vous a retenus que vous n'ayez osé vous avancer encore dans ce chemin fleuri que tout vous présage? Ce que vous attendiez! votre présence ici me le dit : Que Dieu vînt consacrer lui-même ce que lui-même avait déjà préparé. Et c'est un spectacle touchant, que les anges du ciel avec nous admirent, de vous voir à cette heure en face du Saint des Saints, prosternés à deux genoux, tenant en vos mains, pour ainsi dire, toutes vos espérances, tous vos rêves de bonheur, mais confessant humblement que de vous-mêmes vous ne sauriez les réaliser, et suppliant celui de qui seul dépend la solution de ce grand problème qu'on appelle l'avenir, de vous la ménager et propice et heureuse.

« Si le Seigneur, est-il écrit dans nos Saints Livres, ne « pose lui-même les fondements de l'édifice, c'est en vain « que travaillent ceux qui le veulent construire. » Tels, en effet, les rêves chimériques de l'enfant qui à lui seul prétendrait mouvoir et diriger des masses de beaucoup supérieures à ses faibles forces ; telle aussi la triste illusion de l'homme qui ose ne compter que sur lui seul dans la réalisation de ses projets. Il travaille, il s'agite, il dépense toutes les ressources de son génie, mais au fond, c'est Dieu seul qui le mène, et à un résultat d'autant moins en rapport avec ses espérances qu'il aura cru pouvoir mieux se passer de toute influence surnaturelle.

Bien autre est le sort de celui qui souvent dans sa vie, élevant son regard vers le ciel, supplie le maître de toutes choses de soutenir sa faiblesse et d'affermir ses pas. La grâce de Dieu l'accompagne, inspire sa pensée, dirige ses actions. Et comme de tous les projets humains, celui que vous allez réaliser est des plus graves et des plus sérieux, dans son ineffable bonté, Dieu a voulu lui réserver une bénédiction toute spéciale, aussi sainte, aussi auguste que celle du baptême et de la première communion, puisque par elle, le mariage est élevé aussi à l'incomparable dignité de sacrement.

Encore un instant, elle va tomber dans vos cœurs, et s'ils sont bien préparés, elle y opérera de grandes choses. Cette tendresse qui déjà vous unit, elle lui donnera pour sœur la constance poussée jusqu'au sacrifice, jusqu'à l'immolation, s'il le fallait ; elle la fortifiera de cette suave charité chrétienne qui, semblable à un baume bienfaisant, cicatrise toutes les blessures, adoucit tous les rapports, remplit d'un suave et délicieux parfum le foyer domestique ; ce désir ardent qui vous anime de parcourir sans entraves la riante carrière qui s'ouvre devant vous, elle contribuera à la rendre efficace, en vous obtenant ce que Dieu seul peut donner : une constante prudence, une sage prévoyance, une volonté inébranlable d'incliner toujours vos cœurs vers le bien. Et si malgré tous nos souhaits, l'épreuve n'en venait pas moins troubler quelque jour le repos de votre existence, vous auriez puisé encore aujourd'hui la force de la supporter, et toute l'énergie qu'il suffit de déployer pour la vaincre.

Voilà, jeunes époux, les bienfaits que vous attendiez, et qu'au pied du saint autel vous êtes à cette heure venu recueillir.

Ah ! que vos fronts s'inclinent, que vos esprits s'humilient et adorent, que vos cœurs se dilatent, et qu'il n'y ait pas un seul des dons précieux, qu'apporte avec elle la bénédiction nuptiale, qui ne tombe et ne fructifie dans vos âmes !

Quel merveilleux changement, quelle surprenante transformation apparaissent déjà à mon regard ! vous serez entrés dans ce temple, appuyés sur les seules forces de la nature, et vous en sortirez, soutenus de toutes les forces de la grâce divine ; vous y étiez entrés avec toutes vos espérances, mais sans leur avoir donné encore un solide fondement, et vous n'en sortirez qu'après les avoir confiées à celui qui règle tous nos destins ; vous étiez ici entrés seuls, et vous en sortirez avec Dieu ! Vous en sortirez pour donner à notre France et à notre mère, la sainte Église, une famille chrétienne de plus, une de ces familles au sein desquelles, au milieu de nos perturbations sociales, du renversement des principes les plus sacrés, de la glorification des maximes les plus dangereuses, le bonheur, la concorde et la paix se réfugient comme dans un dernier asile.

J'en ai pour vous de sûrs garants, Mademoiselle ; je sais sous quels regards se sont écoulés vos premiers ans, quelle sage et prudente direction a soutenu vos premiers pas dans le monde, et cette grande assistance ne proclame-t-elle pas hautement de quel respect est digne la famille qui a su mériter de si nombreuses sympathies ? Je sais aussi de quelles qualités précieuses a enrichi votre cœur, celui qui vous destinait à devenir un jour une épouse chrétienne.

Quant à vous, cher cousin, que j'appellerais volontiers bien aimé frère, si je n'écoutais que ma tendresse et les doux souvenirs de notre première enfance, les sentiments que je vous connais et qu'après Dieu vous devez à la tendre sollicitude de la meilleure des mères et aux nobles exemples de votre excellent père, me sont un gage aussi du bonheur qui vous attend. Et si jamais pour se soutenir, votre énergie dans le bien avait besoin de quelque encouragement, vous n'auriez, pour en trouver, qu'à considérer votre race, qu'à vous rappeler surtout ces deux nobles aïeux dont le sang mélangé coule aujourd'hui dans vos veines : l'un, cet éminent magistrat, le baron Montluc de Larivière, premier président de la cour impériale de Limoges, aux talents et aux vertus duquel le sentiment populaire n'a cessé encore de rendre hommage, et qu'il me semble voir revivre dans l'homme de bien qui honore de sa présence cette assemblée, et qui, dans un des grands corps de l'État, représente si noblement la ville qui l'a vu naître; l'autre, ce vaillant colonel d'état-major, le baron de Beaune de la Fragne, dont le palais de nos monarques a pu garder le souvenir; aussi modeste dans les hauts emplois qui lui furent confiés, qu'énergique au milieu des épreuves que lui fit subir la vicissitude des temps, et que la Providence semble vouloir aujourd'hui spécialement vous rappeler en plaçant à vos côtés ce digne représentant de la valeur française chez lequel la distinction militaire a devancé de beaucoup le nombre des années, et qui sur chaque champ de bataille a su moissonner de nouveaux lauriers.

C'est aussi vous dire, Mademoiselle, avec quelle déférence et quelles sympathies vous serez reçue sur cette terre du Limousin, qui désormais sera votre patrie adoptive, et de quel respect vous ne cesserez de voir entouré un nom pour lequel aujourd'hui vous échangez le vôtre.

Mais il faut s'arrêter, l'heure est venue! De vos lèvres va tomber ce mutuel consentement qui, puisé au plus intime de vos cœurs, les unira indissolublement l'un à l'autre. Anges du ciel, venez vous-mêmes le recueillir et l'insérer en lettres d'or dans le livre des plus heureuses destinées humaines! Et vous, mes frères, noble et brillante assistance, parents, amis, tous, recueillons-nous et prions!

Que la meilleure et la plus efficace des bénédictions célestes
tombe sur vous, jeunes époux ; qu'elle vous vaille sur cette
terre des jours calmes et heureux, qu'elle ne vous sépare pas,
même alors que la vieillesse, de son souffle de glace, sera venue
ternir vos fronts ; mais qu'elle vous conserve encore l'un à
l'autre pour être votre mutuelle consolation, et lorsqu'enfin la
mesure abondante de vos jours sera remplie, puisse votre féli-
cité de la terre n'avoir été que la faible image de celle qui
vous attendra dans les cieux.

Paris.-Imp. PAUL DUPONT, 45, rue de Grenelle-Saint-Honoré.

IMPRIMERIE ADMINISTRATIVE DE PAUL DUPONT

45, rue de Grenelle-Saint-Honoré, 45